Frank Mangelsdorf (Hg.)

EINST UND JETZT
HENNIGSDORF

Texte:
Roland Becker

Fotos:
Ralf Nikolai, Nicole Scharmer

Historische Aufnahmen:
Stadtarchiv Hennigsdorf
Norbert Barowski (10, 80), Ralf Nikolai (62),
Peter Gabe (70), Archiv Riva Stahlwerk (44)

Ein besonderer Dank gilt den Mitarbeitern
des Stadtarch vs Hennigsdorf.

EDITION
BRANDENBURG

ISBN 978-3-941092-87-7

Die Deutsche Nationalbibliothek verzeichnet diese Publikation
in der Deutschen Nationalbibliografie; detaillierte bibliografische
Daten sind im Internet über http://dnb.d-nb.de abrufbar.

CULTURCON medien
Bernd Oeljeschläger

Choriner Straße 1, 10119 Berlin
Telefon 030/34398440, Telefax 030/34398442

Ottostraße 5, 27793 Wildeshausen
Telefon 04431/9559878, Telefax 04431/9559879

www.culturcon.de

Redaktion: MOZ-Redaktion GmbH
Projekt-Betreuung: Gitta Dietrich
Gestaltung: Katja Gusovius und Kathrin Strahl, Berlin
Druck: Silber Druck OHG, Niestetal
Berlin/Wildeshausen 2012
Alle Rechte vorbehalten.

Viele Gäste reiben sich verwundert die Augen: Erst zwei Dekaden sind vergangen, seit in Berlin die Mauer fiel und in Hennigsdorf gleich hinter der nordwestlichen Berliner Grenze eine entbehrungsreiche Zeit endete. Doch mit der Wiedervereinigung erlebte die Stadt eine Renaissance, die in den ostdeutschen Bundesländern ihresgleichen suchen dürfte. Mit dem Bau der Mauer im Jahre 1961 war den Hennigsdorfern viel genommen worden: Die Freiheit, S-Bahn- und Straßenverbindungen nach Berlin und nicht zuletzt der Zugang zum Nieder Neuendorfer See direkt vor ihrer Haustür.

Vieles von dem, was den Bürgern der Stadt schon zu DDR-Zeiten versprochen wurde, ist erst in den vergangenen 20 Jahren umgesetzt worden. Seit Beginn der Industrialisierung vor mehr als 100 Jahren mit der Ansiedlung der Stahl- und Lokomotivbauindustrie war das einstige Fischerdorf stetig gewachsen. Nur auf das Stadtzentrum, das schon Anfang der 1960er Jahre in Aussicht gestellt wurde, mussten die Hennigsdorfer bis Mitte der 1990er Jahre warten. Heute befindet sich zwischen Havel- und Postplatz eine Fußgängerzone und mit dem 1998 eröffneten neuen Bahnhofsgebäude ein Eingangstor, das auch großstädtischen Ansprüchen genügt.

Das trifft ebenso auf den kommunalen und genossenschaftlichen Wohnungsbestand zu. In Nieder Neuendorf entstanden zudem attraktive Wohnviertel im Grünen. Jahrelang zogen vor allem ältere Berliner nach Hennigsdorf. Doch zunehmend wird die Stadt für jüngere Hauptstädter als Wohnort interessant – auch dank der modernen und intakten Kita- und Schullandschaft.

Sogar den wirtschaftlichen Strukturwandel hat die Stadt geschafft. Der kanadische Konzern Bombardier setzt den traditionellen Schienenfahrzeugbau fort, die italienische Riva-Gruppe die Stahlproduktion. Erst im vergangenen Sommer ist die aufwändige Rekultivierung ausgedienter Stahlwerksflächen abgeschlossen worden. Dadurch entstand Platz für neue Industrieansiedlungen. In der Nachbarschaft von Bombardier haben sich in den vergangenen Jahren bereits zahlreiche innovative Unternehmen niedergelassen, vor allem aus der Biotech-Branche.

Mit Hennigsdorf wird ein Industriestandort assoziiert. Doch ist das 1375 als „Heynekendorp" erstmals erwähnte Fischer- und Kossätendorf reich an landschaftlichen Reizen – nicht nur an den Havelauen und entlang des Nieder Neuendorfer Sees, sondern auch in den Wäldern am westlichen Stadtrand. Kurz: Hennigsdorf ist eine moderne, lebenswerte Stadt. Sie können sich auf den folgenden Seiten davon überzeugen.

Frank Mangelsdorf
Chefredakteur

Liebe Leserinnen und Leser,

50 Jahre Stadt Hennigsdorf – dieses Jubiläum möchten wir 2012 mit Ihnen feiern. Am 18. März 1962, ein dreiviertel Jahr nach dem Bau der Mauer, wurde Hennigsdorf das Stadtrecht verliehen. Selbstverständlich sind fünfzig Jahre für eine Stadt kein hohes Alter – und tatsächlich existiert Hennigsdorf als Ort auch schon wesentlich länger. „Heyneker dorp" wurde erstmals 1375 im „Landbuch der Churmark Brandenburg" von Karl IV. erwähnt. Der wirtschaftliche Aufschwung begann Anfang des 20. Jahrhunderts mit der Ansiedlung der AEG, der Lokomotiv- und später der Stahlproduktion. Bis 1989 bestimmten diese beiden Industriezweige das Leben und Arbeiten in Hennigsdorf.

Mit dem Mauerfall wurde ein neues Kapitel in der Stadtgeschichte aufgeschlagen. Der Ort bekam sein natürliches Umfeld zurück, die grüne Umgebung und die Verbindung zur Hauptstadt Berlin. Hennigsdorf entwickelte und veränderte sich: Ein neues Zentrum, moderne und modernisierte Wohnhäuser, Schulen und Kitas, Spielplätze und Grünanlagen prägen heute das Stadtbild. Die Verbindung von Technologiestandort, städtischen Strukturen mit vielfältigen Angeboten und dem Wohnen am Wasser macht den besonderen Vorzug von Hennigsdorf aus.

Natürlich hat jede Zeit und jede Entwicklung ihre Spuren im Stadtbild hinterlassen. Wer genau hinsieht, kann noch heute die alte Dorfstruktur rund um den Anger und die Hauptstraße erkennen. Die Werkssiedlungen in der Rathenau- oder der Marwitzer Straße stehen für die industrielle Entwicklung zu Beginn des 20. Jahrhunderts. Das historische Ensemble rund um das „Alte Rathaus" aus dem Jahr 1907 machen das wachsende Selbstbewusstsein der Gemeinde zur damaligen Zeit besonders augenfällig. Vom kompakten Neubauviertel in Nord aus den 1970er Jahren bis zur attraktiven Entwicklung von Nieder Neuendorf nach der Wende: Die Geschichte von Hennigsdorf ist im Stadtbild zu erleben.

Wir freuen uns gerade im 50. Jahr des Stadtrechtes über das Buch „Einst und Jetzt". Die zahlreichen Bilder verschiedener Stadtansichten veranschaulichen auf einzigartige Weise den Wandel in Hennigsdorf. Der Band ist eine spannende und interessante Lektüre für Einheimische wie auch für Gäste. Entdecken Sie Hennigsdorf beim nächsten Besuch oder Spaziergang von einer ganz neuen Seite.

Andreas Schulz
Bürgermeister Stadt Hennigsdorf

INHALT

Als die Verwaltung der Gemeinde Henrigsdorf 1907 in das damals neue Rathaus an der Hauptstraße zog, mussten nur drei Mitarbeiter ihre Umzugskisten auspacken: der Gemeindevorsteher, der Sekretär und ein Assistent. Zuvor befand sich die Verwaltung des seit 1884 stark wachsenden Ortes auf dem Gelände einer Ziegelei, die auf dem heutigen Stahlwerksgelände gelegen war. Der zweigeschossige neogotisch geprägte Backsteinbau gegenüber der Martin-Luther-Kirche lenkte durch die grün glasierten Ziegel Aufmerksamkeit auf sich. Auch die zur Hauptstraße ausgerichtete Ostfassade, die fast einen Hauch norddeutscher Gotik nach Hennigsdorf brachte, bestach durch ihre Gestaltung. Über vier DDR-Jahrzehnte residierten hier Bürgermeister der SED, bis nach dem politischen Umbruch die SPD die Mehrheit im Hennigsdorfer Rathaus bekam. Weil das Gebäude inzwischen aus allen Nähten platzte, zog die Stadtverwaltung 1994 ins neu erbaute Blaue Wunder an der Neuendorfstraße. 2004 konnte die endgültige Bleibe im Rundbau am Rathausplatz bezogen werden. Im Alten Rathaus wird heute Geschichte vermittelt: Hier befinden sich das Stadtarchiv und eine kleine Ausstellung zur Stadtgeschichte. Im Standesamt beginnt für viele Hennigsdorfer der gemeinsame Lebensweg. Von 1928 an war die Feuerwehr der direkte Nachbar des Bürgermeisters. Erst als die Betriebswehr der AEG-Werke gegründet worden war, wurde sie zur Berufsfeuerwehr. Seit 2010 wird zu Ausstellungen und Vorträgen ins alte Fahrzeugdepot eingeladen. Im Sommer finden hier Hofmusiken statt.

Vom alten zum neuen Rathaus sind es nur drei Minuten – oder zehn Jahre. 1907, als das Rathaus bezogen wurde, stieg mit Zunahme der Verwaltungsaufgaben auch die Anzahl der Mitarbeiter. Das alte Gebäude wurde zu eng. Ein Neubau ließ sich allerdings nicht so schnell auf die grüne Wiese zaubern. Daher suchte Bürgermeister Andreas Schulz für sich und seine Mitarbeiter nach einer Übergangslösung. Am 27. April 1994 zog das Rathaus ins Blaue Wunder. Gerade fünf Monate zuvor war für den Bürokomplex an der Neuendorfstraße Richtfest gefeiert worden. Bei der Suche nach einem dauerhaften Standort kam den Hennigsdorfern zugute, dass es Anfang der 1990er Jahre im Zentrum noch Brachflächen gab. Am 27. Februar

2002 wurde auf der östlichen Bahnhofseite der erste Spaten für den Rathausneubau ins Erdreich gestoßen. Im Cktober zogen Bauarbeiter bereits den Richtkranz hoch. Nach nur einer Umzugswoche öffneten sich am 20. Januar 2004 erstmals die Rathaustüren. Der in der Stadt bis heute mit einem Volksfest begangene Tag der Arbeit am 1. Mai wurde in jenem Jahr für einen Tag der offenen Tür genutzt. Der zweigeschossige Ringbau besticht vor allem durch seine gut einsehbare Halle im Erdgeschoss. Die dort freistehenden Tresen für Rezeption und Bürgerberatung sorgen für eine offene Atmosphäre. Während sich der Ratssaal im Erdgeschoss befindet, gruppieren sich die Büros auf zwei Etagen jeweils an einem Rundgang.

Nach der Reformation bekam Hennigsdorf seinen ersten Kirchenbau. Doch einen eigenen Pfarrer konnten sich die Christen für ihr um 1550 errichtetes Gotteshaus nicht leisten. Bis 1917 kümmerte sich der Pastor aus Heiligensee um sie. Der Überlieferung nach kamen sich im Sommer die wenigen Gottesdienstbesucher in der evangelischen Kirche verloren vor, weil die Fischer des Dorfes keine Zeit hatten. Im Winter hingegen drängelte man sich in der Kirche. Die Protestanten waren schwierige Zeiten gewohnt. Durch einen Blitzschlag brannte die zweite, 1773 errichtete Kirche 1851 nieder. Als recht feuersicher galt die Kirche als das erste Gebäude des Dorfes, dessen Dach statt mit Holzschindeln mit Schiefer gedeckt war. Da bei dem Brand die Glocken geschmolzen waren, rief fortan

ein Trompetensignal zum Gottesdienst. Fast hätte der 1855 eingeweihte neoromanische Nachfolgebau den Zweiten Weltkrieg unbeschadet überstanden. Doch wenige Tage bevor die Waffen schwiegen, erschütterten Granaten das Gotteshaus. Der spitze Turm begrub große Teile des Kirchenschiffes unter sich. Bereits 1948 konnten in der Martin-Luther-Kirche mit dem nun im italienischen Campanile-Stil errichteten neuen Turm wieder Gottesdienste gefeiert werden. Gleich neben der Kirche stand einst Böhmers Gasthof. Als dieser 1917 durch eine Explosion zerstört wurde, kaufte die Kirchengemeinde das Grundstück. Im darauf errichteten Gebäude wohnt bis heute der Pastor, der gegenwärtig für rund 2 600 Protestanten zuständig ist.

Am Sonntag, den 1. Oktober 1893, hielt der erste Zug auf der neu eröffneten Strecke Schönholz-Velten an der Eisenbahnstation Hennigsdorf. An diesem Tag wurde auch das neue Bahnhofsgebäude eingeweiht. Aus dem bejubelten Dampfross wurde schnell ein wichtiges und viel genutztes Verkehrsmittel. Vor allem der rasante Aufstieg von Hennigsdorf zum Industrieort vor den Toren Berlins sorgte bald für volle Züge. Die Kremmener Bahn wurde 1927 elektrifiziert, sodass auch die S-Bahn Hennigsdorf ansteuern konnte. Statt in bislang 62 Minuten bis zum Stettiner Bahnhof (heute Nordbahnhof) im Herzen der Hauptstadt war der Reisende nun in 38 Minuten dort. Ab 1936 ging es im 20-Minuten-Takt bis Velten. Mit all dem Fahrkomfort nach Berlin war im Mai 1945 Schluss. Wie die Havelbrücke wurde auch die Bahnüberquerung des Havelkanals gesprengt. Erst ab Juli 1946 verkehrte die S-Bahn wieder. Es ist fast eine Ironie der Geschichte, dass die Bahnstation genau am 17. Juni 1953 in „Hennigsdorf (bei Berlin)" umbenannt wurde. Genau an diesem Tag erhoben sich die Arbeiter in der DDR zum Aufstand. Hennigsdorfs Stahlwerker zogen nach Berlin. Zwar wurde um 1960 ein neues Bahnhofsgebäude eröffnet. Doch mit dem Bau der Berliner Mauer wurde Hennigsdorf am 13. August 1961 einer wichtigen Verkehrsader beraubt: Die S-Bahn stellte ihren Betrieb nach Berlin ein. Während das zu DDR-Zeiten erbaute Empfangsgebäude längst verschwunden ist, erlebt das erste Bahnhofsgebäude eine Renaissance und wird seit 1999 als Stadtbibliothek genutzt.

Über Jahrzehnte hinweg lag der Postplatz an zentraler Stelle, ohne den Eindruck einer Stadtmitte zu erzeugen. In der Epoche ab 1920, in der Hennigsdorf rasant wuchs, fiel für diesen Platz nur das namensgebende Postgebäude ab. Immerhin: Große Teile des Areals waren als Park gestaltet. Zwischen den sauber geschnittenen Hecken luden strahlend weiße Bänke zum Verweilen ein. Rund um diese Grünanlage zog die Straßenbahnlinie 120 ihre Schleife, um vom Bahnhof aus wieder nach Spandau zu fahren. Kaum waren die Nationalsozialisten an der Macht, benannten sie 1933 den Platz vor dem Postgebäude in Adolf-Hitler-Platz um. Zu DDR-Zeiten tat sich hier nicht viel. Ein um 1960 errichtetes Bahnhofsgebäude war so marode, dass es keine 40 Jahre überstand. Auf der gegenüberliegenden Seite wurde ein Mahnmal für die Opfer des Faschismus errichtet, das bis heute erhalten ist. Das nach unten zeigende rote Dreieck verrät, dass in der DDR nicht aller NS-Opfergruppen gleichermaßen gedacht wurde, sondern vor allem der politischen Gefangenen der Konzentrationslager. Als 1962 zur Verleihung der Stadtrechte eingeladen wurde, hieß es, dass sich das Volk „auf dem zentralen Platz zwischen der Heinrich-Heine-Schule und der Post" einfinden möge. Der Name Leninplatz wurde demnach erst später verliehen. Mittlerweile heißt er wieder Postplatz. Seit 1996 ist der Platz das Eingangstor ins neue Stadtzentrum. Zwei Jahre später wurde das neue Bahnhofsgebäude eingeweiht. Hier hat auch der Hennigsdorfer Generalanzeiger sein Redaktionsbüro und eine Geschäftsstelle.

Die Verleihung der Stadtrechte wurde am 18. März 1962 mit der Grundsteinlegung fürs neue Zentrum verbunden. „Ein großes Aufbauprogramm ist für Hennigsdorf vorgesehen. Auf dem zentralen Platz werden offizielle Bauten und Wohnhäuser entstehen", versprach die Betriebszeitung „Neues Schaffen" der VEB Lokomotivbau-Elektrotechnische Werke (LEW) Hennigsdorf. Eile war geboten, schließlich sollte die frisch zur Stadt gekürte Gemeinde bereits drei Jahre später 32 000 Einwohner zählen – eine Zahl, die nie erreicht wurde. Zehn Jahre später wurde in einem Zeitungsartikel gelobt: „Das repräsentative Zentrum mit den drei Hochhäusern ist fertiggestellt." Zwar war damals jeder glücklich, der endlich eine Wohnung zugewiesen bekam. Doch den Hennigsdorfern fehlte es

weiter an einem Stadtzentrum, in dem man von Geschäft zu Geschäft bummeln konnte. Schon in jenem Artikel von 1962 wurde bemängelt: „Mit der Versorgung Hennigsdorfs, die ja seit Jahren ein Stiefkind ist, wird sich einiges verändern müssen." Es zog sich noch lange hin, bis auf der westlichen Seite des Platzes ein Flachbau entstand, in dem der Konsum ein kleines Warenhaus eröffnete. Bei diesem provisorischen Zentrum blieb es. Erst im Juli 1996 eröffnete am Standort des einstigen Konsum-Kaufhauses das Einkaufszentrum „Ziel". Mit seinen auf drei Etagen verteilten Geschäften, mit einem Kino, mit Restaurants und einem Fitnesscenter wurde es für einige Jahre zum Einkaufs-„Ziel" für viele Oberhaveler. Seit mehreren Jahren leidet das Center allerdings unter Leerstand.

Als Fischerdorf benötigte Hennigsdorf kein Gymnasium. Doch mit den AEG-Werken zogen Familien zu, die für ihre Kinder eine höhere Schulbildung anstrebten. Engagierte Eltern legten 1922 den Grundstein für das spätere Gymnasium, aus dem zwei Privatklassen hervorgingen. Die Privatschule bezog 1924 ihr erstes Gebäude in der Fabrikstraße 7. Wegen der baldigen Raumnot beschloss das Schulkuratorium 1925 den Bau eines modernen Unterrichtsgebäudes. Bereits ein Jahr später übernahm die Gemeinde die bisherige Privatschule als öffentlich anerkanntes Reform-Realgymnasium. Am 10. August 1926 zog Rektor Johannes Schöler mit seiner Lehrer- und Schülerschar ins neue Gebäude an der Rathenaustraße. Dort legten 1930 die ersten fünf Abiturienten ihre Reifeprüfung ab. Obwohl die Schule in den letzten Kriegstagen von deutschen Tieffliegern in Brand gesetzt wurde, konnte bereits am 22. Mai 1945 der Unterricht wieder aufgenommen werden. In der Aula fanden bis etwa 1950 auch Sitzungen des Kreisgerichts und der Gemeindevertreter statt. Wie schwer es in jenen Jahren war, das Nötigste zu besorgen, belegen folgende Sätze: „Am 21.11.50 konnten 5 Liter Tinte für die Schule bei Görner abgeholt werden. Am 21.12.50 erhielten alle Lehrer eine Bohnenkaffee-Zuteilung von 50 Gramm!" Raum- und Lehrermangel zwangen über Jahre dazu, den Unterricht im Schichtsystem zu erteilen. Die 1950 in Alexander-Puschkin-Oberschule umbenannte Bildungsanstalt musste über Jahrzehnte mit Provisorien, wie dem Unterricht in Baracken, auskommen. Derzeit wird das seit Jahren leer stehende Gebäude aus seinem Schlaf gerissen. Auf dem Areal entsteht das neue Schwimmbad.

In den 1980er Jahren übte sich die DDR-Linguistik in Wortschöpfungen wie „Jahresendfigur mit Flügeln". Der Begriff „Engel" war zu christlich und sollte zumindest aus dem offiziellen Sprachgebrauch getilgt werden. „Jahresendmarkt mit vier traurigen Buden" hätte man dementsprechend den damaligen Weihnachtsmarkt, im Bereich des heutigen Havelplatzes, nennen können. Der durfte zwar seinen Namen behalten, doch auf einen großen, üppig geschmückten Weihnachtsbaum mussten die Hennigsdorfer verzichten. Erst Mitte der 1990er Jahre wurde das bis dahin unbebaute Areal Teil des neuen Stadtzentrums. Vom Postplatz aus durch die Havelpassage öffnet sich der Blick auf den großzügig gestalteten Platz. Geprägt wird der Havelplatz vom Einkaufszentrum Storchengalerie und dem sich in einem Bogen erstreckenden Stadthaus. In westlicher Richtung befindet sich an der Fontanestraße das neu erbaute Hotel Mercure. Bei den Hennigsdorfern sind die wöchentlich stattfindenden Markttage besonders beliebt. Um den Brunnen und um die angelegten Blumenrabatten gruppieren sich die bunten Stände.

Einst zog sich eine Düne durch das Gebiet, auf dem ab 1896 die Hennigsdorfer in einem großzügig gestalteten Park spazieren gingen: der Konradsberg. Geschaffen hatte diese Anlage der Maurer- und Zimmermeister August Conrad. Zum Dank dafür nannten die Hennigsdorfer die Gegend Konradsberg. Weshalb sich das C des Nachnamens bei der Benennung in ein K wandelte, ist ungeklärt. Im Windschatten der Düne entstand 1935 jenes Gebäude, in das ein Jahr später die Hitlerjugend einzog. Die Nationalsozialisten dürften den Standort nicht ohne Grund gewählt haben. Das hügelige Gelände gleich hinter dem Haus eignete sich dazu, unterirdische Bunker anzulegen. Nach Kriegsende nutzte die Rote Armee kurze Zeit den zweiflügeligen Bau. Später zog hier eine Förderschule ein. Seit 1993 geht es darin an manchen Tagen lauter zu – vor allem, wenn die Musiker-Initiative einmal im Monat zu Live-Konzerten einlädt. Mittlerweile wird das Haus als Zentrum der Jugendarbeit der Stadt genutzt und ist unter dem Namen Jugendförder- und Freizeitzentrum Konradsberg (JFFZ) bekannt. Dem Unternehmer August Conrad wurde sein Engagement für die Stadt übrigens nicht gedankt. Er wurde nach dem Ende des Zweiten Weltkriegs aus seinem Haus vertrieben und musste sein Bauunternehmen aufgeben.

Wie zwei kleine Gartenvillen wirken die beiden Häuser, zwischen denen sich der Haupteingang zum Hennigsdorfer Waldfriedhof befindet. Seit 1924 ziehen hier die Trauergemeinden in Richtung Kapelle. Als der Friedhof hinter dem Alten Rathaus zu klein geworden war, suchten die Stadtväter nach einem größeren Areal. Schließlich wuchs nicht nur die Einwohnerzahl des Orts rapide, auch die Zahl der Bestattungen nahm zu. Der Wald entlang des Bötzower Weges schien dafür ideal. Mit dem Landschaftsarchitekten Ludwig Lesser (1869 – 1957) dürfte der Gemeinde damals ein Glücksgriff gelungen sein. Lesser hatte zu jener Zeit bereits seine Handschrift unter anderem beim Bebauungsplan der Frohnauer Gartenstadt hinterlassen. Lesser hatte exakte Vorstellungen von der Gestaltung und forderte sogar das Recht ein, die Wahl der Grabsteine beurteilen zu dürfen. Die von ihm verfasste Friedhofsordnung legte fest, welche Materialien dafür zu verwenden waren. Die Grabstätten ordnete er in kleine, von Bäumen und Hecken umschlossene Felder. Lang währte sein Einfluss allerdings nicht. Wegen seiner jüdischen Abstammung wurde er von den Nationalsozialisten verfolgt und emigrierte nach Schweden. Als der Friedhof 1958 erweitert wurde, setzte man Lessers Konzept nicht fort. Dennoch ist der Waldcharakter bis heute größtenteils erhalten geblieben.

Den Hubertus gibt es noch, Löwen-Böhmisch-Bier wird hier – anders als an der Fassade versprochen – jedoch nicht mehr ausgeschenkt. Im Bereich von Feld-, Jäger- und Forststraße entstand bis 1930 eine U-förmige Wohnanlage. Sie wurde im Auftrag der von AEG und Gemeinde gemeinsam getragenen Gemeinnützigen Baugesellschaft vom Berliner Architekten Rudolph Schulz geplant und vom Hennigsdorfer Bauunternehmer August Conrad verwirklicht. Wie auch bei anderen Hennigsdorfer Siedlungen, die zu jener Zeit entstanden, wurde nicht nur auf eine markante Fassadengestaltung Wert gelegt. Die großzügigen lichtdurchfluteten Hof- und Grünbereiche im Hubertus-Karree zeugen vom damaligen Reformstreben, den Mietern höhere Wohnqualität zu bieten. In den zwei- und dreigeschossigen Häusern der Jägerstraße, die sich bis zur Feld- und Forststraße erstrecken, wurde in den Eckgebäuden Platz für Läden gelassen. Ab 1929 befand sich hier immer eine Restauration – die Gaststätte Hubertus. Seit Sommer 2010 lädt das Kultur-Kaffee zu geistigen und kulinarischen Genüssen ein.

Aus der Vogelperspektive prägen diese drei Hoch- häuser bis heute das Bild der Innenstadt. Die elfge- schossigen Gebäude wurden Mitte der 1960er Jahre auf einer bis dahin brachliegenden Fläche an der Fontanestraße errichtet und galten als Errungen- schaft des sozialistischen Bauens. In den größten- teils nur aus einem Zimmer samt Küche und Bad bestehenden Wohnungen zogen zunächst vor al- lem alleinstehende Mitarbeiter des Stahlwerks ein. Anfangs sei genau darauf geachtet worden, dass nicht etwa der Freund oder Ehepartner heimlich mit in der Wohnung lebte, berichten Mitarbeiter der Hennigsdorfer Wohnungsbaugesellschaft. Die HWB hat derzeit mit Hennigsdorfs „Wolkenkrat- zern" Großes vor. Die Hochhäuser sollen zielgrup- pengerechter gestaltet werden. Mit einem Jugend- und einem Seniorenhochhaus möchte man den unterschiedlichen Ansprüchen der Mieter entge- genkommen. Erste Musterwohnungen entstanden Anfang 2012.

1925 KATHOLISCHE KIRCHE

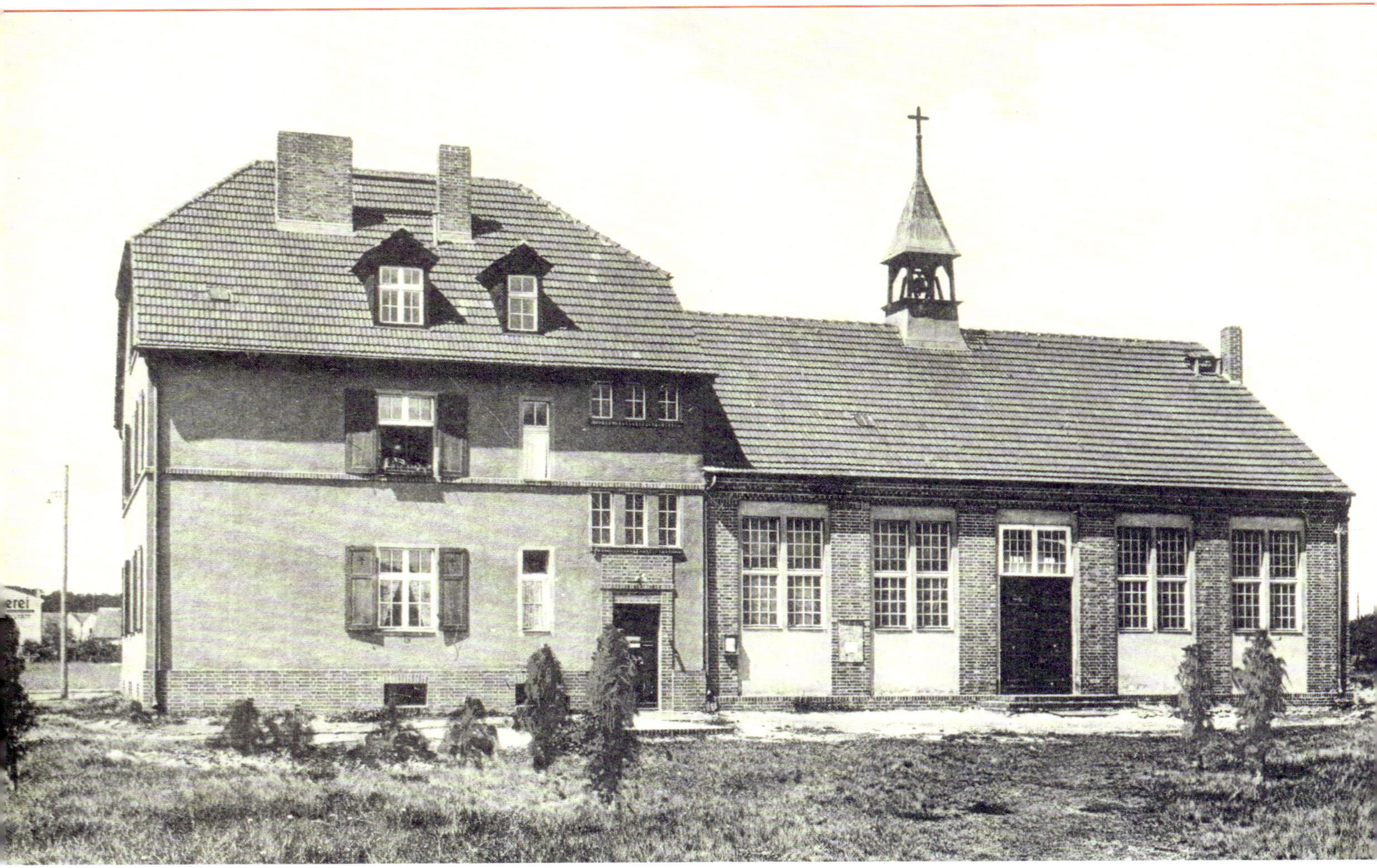

Hennigsdorfs Katholiken trafen sich in einem umgebauten Pferdestall zum Gottesdienst, bevor der Bau einer katholischen Kirche genehmigt wurde. Mit der Industrialisierung kamen vor allem katholische Arbeiterfamilien vom Rheinland und aus Schlesien in die aufstrebende Kommune. Am 19. März 1922 wurde zur ersten Heiligen Messe eingeladen. Bereits Weihnachten 1925 konnten die Gottesdienste in der eigenen Kapelle an der Blumenstraße gefeiert werden. Wurden die Katholiken bis 1927 vom Veltener Pfarrer betreut, bekam die nun selbstständige Gemeinde mit Joseph Zawacki ihren ersten Geistlichen. Es folgte der Bau des Pfarr- und des Gemeindehauses bis 1931. Im selben Jahr eröffnete der bis heute bestehende Kindergarten. Ab 1926 unterhielt die katholische Gemeinde an der Fabrikstraße eine Schule. Das hatte 1937 ein Ende. Den Nationalsozialisten passten konfessionelle Bildungseinrichtungen nicht in ihr ideologisches Konzept. Was sie von engagierten Christen hielten, hatten sie in Hennigsdorf bereits am 25. März 1934 gezeigt. Mitglieder der Hitlerjugend überfielen 1800 Teilnehmer eines katholischen Jugendtreffens. Die erste Kirche war schon nach wenigen Jahrzehnten baufällig, sodass sie durch einen Neubau ersetzt werden musste. In der Christmette 1977 wurde die neue Kirche geweiht. Eine besondere Rolle spielte die Gemeinde im Revolutionsherbst 1989. Waren es landauf, landab zumeist die evangelischen Kirchen, die ihre Türen öffneten, tat d es in Hennigsdorf die katholische Gemeinde.

Im Schatten der Marwitzer Straße entstand zu Beginn der 1920er Jahre die ruhig gelegene Heimstättensiedlung – fast ein Dorf im Dorf. Diesen Charakter hat sich das kleine Viertel rund um einen lang gezogenen Anger bis heute bewahrt. Der Straßenname leitet sich aus der 1922 gegründeten Gemeinnützigen Heimstättengesellschaft her, die bis 1931 mehr als 350 Wohnungen bauen ließ. Diese Siedlung war ihr erstes Projekt. So hübsch die Doppelhäuser mit dem Giebel, unter dem sich die Eingangstüren ducken, auch wirkten – die Innenausstattung war wenig komfortabel. Während der Inflationsjahre erbaut, musste auf hochwertige Materialien verzichtet werden. Je zwei Familien teilten sich eine anderthalb Quadratmeter große Toilette. Sie bestand lediglich aus einem Eimer, der sich unter einer Holzbrille befand. Der Volksmund sprach daher bald von der Eimersiedlung. Auch in den Jahren nach 1945 änderte sich vorerst wenig an den Verhältnissen. Dafür gewann der Anger nach und nach an Schönheit. Aus dem kahlen Platz wurde ein Idyll mit Schatten spendenden Baumkronen. Nach 1990 wurden die zuvor dem Stahl- und Walzwerk gehörenden Häuser verkauft. Seit 1995 entspricht das Wegenetz wieder dem ursprünglichen Vorbild.

Auf diese Post hatten Lehrer und Schüler der noch namenlosen Schule sehnsüchtig gewartet: „Herzlich gern gebe ich meine Einwilligung. Möge in dieser Schule ein guter Geist walten, der die Schüler vorbereitet, tüchtige und gütige Menschen zu werden", antwortete Albert Schweitzer auf die Bitte der Schule, seinen Namen tragen zu dürfen. Die wachsende Stadt und unzureichende alte Gebäude hatten den Ausschlag dafür gegeben, am damaligen Heideweg eine neue Schule zu errichten. Am 27. August 1964 öffneten sich zum Festakt offiziell die Türen, fünf Tage später begann das erste Schuljahr. Im Jahr darauf wurde zu einem großen Fest geladen, als die Bildungseinrichtung am 28. März 1965 den Namen von Albert Schweitzer er-

hielt. Es dürfte eine der letzten Namensgebungen zu Lebzeiten des Geehrten gewesen sein. Der als Theologe, Philosoph und Mediziner, vor allem aber als Gründer des Kinderkrankenhauses in der zentral-afrikanischen Stadt Lambaréné (Gabun) berühmt gewordene Schweitzer starb in der von ihm gegründeten Klinik am 4. September 1965. Die jetzige Oberschule am Waidmannsweg fühlt sich seinem Namenspatron bis heute verbunden und widmet ihm einen Gedächtnislauf sowie ein Theaterstück. Auf dem Schulareal hat sich viel getan: Neben dem modernisierten Hauptgebäude gibt es seit einigen Jahren eine moderne Sporthalle und eine Aula.

Dieser Neubau machte DDR-weit Schlagzeilen: Am 4. Juli 1954 wurde in Hennigsdorf nach vierjähriger Bauzeit das landesweit erste nach dem Zweiten Weltkrieg erbaute Krankenhaus eröffnet. Bis dahin hatten Kranke am Ort mit Provisorien auskommen müssen. Ab 1945 waren Behelfskliniken an der Neuendorfstraße eingerichtet worden. Danach bezog man Baracken an der Edisonstraße und schließlich ein Gebäude an der Ecke Fontane-/Feldstraße. Platzmangel war ein ständiger Begleiter. Das änderte sich, als die Behandlung im Neubau an der Marwitzer Straße erfolgen konnte. Die Klinik wurde nach dem 1953 in Lehnitz (Oberhavel) gestorbenen jüdischen Arzt und Schriftsteller Friedrich Wolf („Professor Mamlock")

benannt. Erster Chefarzt des Kreiskrankenhauses wurde Erwin Biendara, der die Klinik bis 1984 leitete. Das Gebäudeensemble mit den fünfstöckigen Bettenhäusern liegt inmitten eines Kiefernwaldes. Heute verfügt es über 347 Betten und ist Sitz der Oberhavel Kliniken GmbH, die weitere Häuser in Oranienburg und Gransee betreibt. Die Hennigsdorfer Klinik hat sich auf die Behandlung von Herzerkrankungen und die Betreuung von Schlaganfallpatienten spezialisiert. Im Herbst 2010 konnte das Krankenhaus in seinem Westteil um ein Gebäude erweitert werden, in dem sich mehrere Praxen befinden. Außerdem werden in der Küche die Mahlzeiten für alle Patienten in den drei Häusern der Oberhavel Kliniken zubereitet.

Wenn die DDR in ihren 40 Jahren ein Problem nie in den Griff bekam, dann war es die Wohnungsnot. Auch Hennigsdorf stellte dabei keine Ausnahme dar. Mit dem 1974 begonnenen Bau von Hennigsdorf Nord sollte diesem Mangel entgegengewirkt werden. Zwischen Kiefern entstanden 26 der für die DDR typischen Fünfgeschosser. Die Plattenbauten wurden ab 1975 bezogen. Nach und nach konnte die Arbeiterwohnungsbau-Genossenschaft 1400 Wohnungen vermieten. Vor allem junge Familien sollten sich in einem sozialistischen Umfeld mit Schule, Kindergarten, Kaufhalle und Gaststätte wohl fühlen. Trotz der damaligen Freude über ein modernes Zuhause fehlte vielen Hennigsdorfern die Anbindung zur Stadt. Kleine Geschäfte

gab es in Nord nicht. Da keine Stadtbuslinie fuhr und nur die wenigsten damals ein Auto besaßen, blieb nur der Weg zu Fuß oder per Rad. Eine Errungenschaft war es, als am 7. Oktober 1980 – dem Staatsfeiertag der DDR – die Schwimmhalle eröffnet wurde. Bis heute rankt sich um den Bau der Schwimmhalle eine Anekdote: Die DDR-Planwirtschaft hatte für Hennigsdorf kein Hallenbad vorgesehen, vielmehr eine weitere Kaufhalle. Der damalige Stahlwerks-Direktor soll daher bei der Bestellung der Materialien vorgegeben haben, eine Kaufhalle zu errichten. Mittlerweile ist das Wohnen in Nord wieder beliebt. Auch die Anbindung ans Stadtzentrum ist dank einer Stadtbuslinie bequemer geworden.

Eine dünne Schneeschicht liegt auf den frisch ge-deckten Häusern. Trotz der Kälte gehen Bauarbeiter ihrer Arbeit nach. Die Fontanesiedlung genannte Straße ist noch nicht befestigt. Material wird zwi-schengelagert, Baumaschinen stehen bereit. Flan-kiert von Birken und Kiefern entstehen 13 Häuser. Für jeweils vier Mietparteien gedacht, konnten sich im Jahr 1928 insgesamt 52 Mitarbeiter des Stahl- und Walzwerks über eine für damalige Verhältnis-se moderne Wohnung freuen. Der Gemeinnützigen Heimstättengesellschaft war es bei dem zweijähri-gen Bauprojekt wichtig, den sozialen Charakter der kleinen Siedlung zu betonen. Der Anger stellte in diesem Sinne die eine Seite dar, die andere befand sich hinter den Häusern: Für die Mieter wurden klei-ne Gärten angelegt. Mittlerweile erstrahlen einige der Häuser in frischen Farben, an anderen Fassaden nagt der Zahn der Zeit. Es scheint, als sei die Fon-tanesiedlung ein wenig in Vergessenheit geraten. Noch immer aber wohnt man in dieser Gegend recht ruhig. Allerdings geht es auf der längst befestigten Straße nicht mehr ganz so beschaulich wie in den 1920er Jahren zu. Wer an den Häusern der Fonta-nesiedlung vorbeifährt, erreicht den Sitz der Indus-triegewerkschaft Metall, die in der Stahlarbeiter-stadt noch immer eine wichtige Rolle spielt. Auch die Regenbogenschule, die auf die Förderung von Kindern mit verschiedenen Behinderungen spezia-lisiert ist, sowie die Kita Schmetterling haben hier ein Zuhause gefunden.

Im Sommer 1991 hat Brandenburgs damalige Arbeitsministerin Regine Hildebrandt dem Hennigsdorfer Stahlwerk einen Besuch abgestattet. Zur gleichen Zeit verschwand eine Legende: der Ofen in der zum Abriss freigegebenen Siemens-Martin-Halle. Mit ihm hatte 1917 die Hennigsdorfer Stahl- und Walzwerktradition begonnen. Die seit 1913 mit ihrem Lok-Bau ansässigen AEG-Werke errichteten eine Gießerei und eine Produktionsstätte für die Radherstellung. 1926 kaufte die von Friedrich Flick kontrollierte Mitteldeutsche Stahlwerke AG das Stahl- und Walzwerk. Flick, der 1947 bei den Nürnberger Prozessen unter anderem wegen Zwangsarbeit verurteilt wurde, war bereits im ersten Friedensjahr enteignet worden. Daraufhin ließen die sowjetischen Besatzer das Werk als Reparationsleistung demontieren. Als Hüttenwerk

Hennigsdorf begann die Stahl-Ära 1947 ein zweites Mal. Die Besatzer erlaubten den Wiederaufbau des nunmehr staatlichen Stahl- und Walzwerks, in dem ab 1948 produziert wurde. Hennigsdorf eilte seitdem DDR-weit der Ruf als Stahlstadt voraus. Der Arbeiteraufstand vom 17. Juni 1953 ist untrennbar mit der Belegschaft des Hüttenwerks verbunden. Legendär ist ihr „Marsch der 12 000" durch Berlins Westen zur SED-Machtzentrale im Osten. Ein Denkmal auf dem Anger erinnert heute daran. Den Kampfeswillen der Stahlarbeiter bekam 1991 auch die Treuhand zu spüren. Als diese das Werk verkaufen wollte, wurde es von 4 000 Mitarbeitern besetzt. Sie trotzten dem künftigen Besitzer, der italienischen Riva-Gruppe, Zugeständnisse ab. Von den einst 8 500 Arbeitsplätzen sind noch knapp 700 erhalten.

Ruhig liegt sie da im Sonnenschein, die Chausseestraße. Die westliche Seite der Straße ist noch unbebaut. In dieser dörflichen Umgebung erhebt sich stolz an der Ecke zur Ziegeleistraße das Wohn- und Geschäftshaus von Anton Tigges. Mit Türmchen und einem mit Blumen behangenen Balkon geschmückt verbreitete das Gebäude ein wenig von dem, was Hennigsdorf fehlte: städtisches Flair. Geschäftsmann Tigges hatte das Grundstück im Jahr 1900 von einem Schmiedemeister erworben. Die am Haus angebrachte Reklame bewarb das gut sortierte Landwarenhaus. Neben Kolonialwaren, zu deren exotische Früchte und Gewürze aus Übersee gehörten, vertrieb Tigges Eisenwaren und sorgte mit seiner Destillation wohl auch für manchen Kater am Morgen danach. In der nächsten Familiengeneration wurde das Geschäft gesplittet. Sohn Willy zog mit dem Eisenwarengeschäft in die Berliner Straße 48, sein Bruder Walter übernahm den Kolonialwarenhandel des Vaters. Zu DDR-Zeiten wurden in dem Geschäft Kunstgewerbe und Eisenwaren verkauft. Kurz nachdem die Marktwirtschaft Einzug gehalten hatte, eröffnete hier 1994 Zweirad-Ebert.

„Hinter dem Saal großer schattiger Garten", warb das Gasthaus Brose einst. 1890 eröffneten Ida und Fritz Brose ihre Einkehr „Zum Lindengarten". Hier wurde nicht nur geschmaust, sondern auch im großen Saal das Tanzbein geschwungen oder in Vereinszimmern hitzig diskutiert. Das Haus wurde zur Hennigsdorfer Institution. Vor den damals etwa hundert Sozialdemokraten sprach hier sogar Karl Liebknecht. Auch Arbeiterturn- und Radfahrerverein trafen sich bei Broses. Ab 1929 bot Fritz Joschek spannende Unterhaltung an. Der neue Pächter hatte den Saal zum Kino umgebaut. Neben Wochenschauen wurden die neuesten Stummfilme gezeigt. Nach 1945 bekam das Filmtheater den Namen „Aktivist" verpasst und wurde von den neuen Parteien und Massenorganisationen für Großveranstaltungen in Anspruch genommen. Eine Anekdote ist aus dem Jahr 1969 überliefert. Damals lud die Urania-Gesellschaft zum Vortrag „Rauschgiftsucht – Drama der kapitalistischen Gesellschaft" ein. Da Drogen in der DDR offiziell nicht existent waren, nutzten an diesem Oktoberabend fast 400 Schüler die Gelegenheit, um endlich mehr über das Thema zu erfahren. 1994 wurde das Schicksal von Gasthof und Kino besiegelt. Um Platz für eine neue Straße zu schaffen, beschloss die Stadt den Abriss des denkmalgeschützten Hauses. Das Kino bekam noch eine Gnadenfrist bis 1999. Im Jahr 2005 wurde die verlängerte August-Conrad-Straße für den Verkehr freigegeben.

Nur wenige Jahre waren dem Kriegerdenkmal an der Hauptstraße gegeben. Der Kriegerverein hatte schon kurz nach Ende des Ersten Weltkriegs auf eine Ehrung für die Hennigsdorfer Gefallenen gedrungen. Doch die finanziell angespannte Situation ließ das Projekt vorerst ruhen. Erst 1927 entwarf der Landschaftsarchitekt Ludwig Lesser, die klamme Stadtkasse im Auge behaltend, ein eher schlichtes Denkmal. Behauene Feldsteine türmten sich zu einer vierkantiger Säule. Auf einer Tafel waren die Namen der im Preußisch-Österreichischen Krieg 1866, im Deutsch-Französischen Krieg (1870/71) und im Ersten Weltkrieg Gefallenen verewigt. Blumenbeete, Hecken und Platanen verschönerten die Anlage. Allerdings wurde das Mahnmal an der Hauptstraße schnell zu einem „Störfaktor": Wegen des zunehmenden Verkehrs kamen Überlegungen auf, das Denkmal aus dem Umfeld der stark frequentierten Kreuzung zu entfernen. Die Idee es lediglich umzusetzen, wurde durch die mittlerweile an die Macht gekommenen Nationalsozialisten vereitelt. Das Denkmal des jüdischen Landschaftsarchitekten Lesser wurde abgerissen. Die NSDAP wollte sich eine eigene Kultstätte schaffen. Noch vor dem Reichsparteitag im Jahr 1938 wurde ein neues Denkmal im heutigen Rathenaupark eingeweiht. Über Jahrzehnte blieb der Platz am ehemaligen Kriegerdenkmal leer. Mittlerweile hat die Stadt das Grundstück an eine Fastfood-Kette veräußert.

Mit Spannung dürften 1912 viele Hennigsdorfer Schüler das Ende der Ferien herbeigesehnt haben. Am 11. April wurde die ehemalige Goetheschule eröffnet. Das Gebäude der heutigen Adolph-Diesterweg-Oberschule diente damals als evangelische Volksschule, in der bis zur achten Klasse unterrichtet wurde. Hauptlehrer Leue wurde zum ersten Rektor ernannt. Unmittelbar benachbart war die Lessingschule, deren Villa heute ebenfalls die Oberschule nutzt. Im Jahr 1925 erhielt die Volksschule eine Turnhalle, die heute als Aula dient. Dem schnellen Wachstum der Stadt ist es geschuldet, dass die Räumlichkeiten an der Schulstraße schon bald nicht mehr ausreichen. Im April 1929 – damals begann das Schuljahr nach den Osterferien – zählte die Bildungseinrichtung bereits 17 Klassen mit 678 Schülerinnen und Schülern. Hatten zu diesem Zeitpunkt die Jungen zahlenmäßig noch die Oberhand, änderte sich das alsbald. Die Schule wurde zur reinen Lehranstalt für Mädchen. Ab 1950 trug die ehemalige Volksschule den Namen von Johann Wolfgang von Goethe und wurde zur zehnklassigen Polytechnischen Oberschule (POS). Als später der Unterricht für Grund- und Oberschule auf die beiden Schulgebäude aufgeteilt wurde, sprach man vom Goethehaus, in das die Grundschüler gingen sowie vom benachbarten Lessinghaus, in dem der weiterführende Unterricht stattfand. Im Juli 2000 zog die bis ang in einem nicht sanierungsfähigen Plattenbau an der Schönwalder Straße beheimatete Adolph-Diesterweg-Oberschule hier ein.

War es ein Fest, für das die Kinder in Vorfreude große und kleine Blumensträuße gebunden hatten? Oder fühlten sie sich einfach von den weiten Sumpfdotterblumen-Teppichen animiert, einen Teil der gelben Pracht nach Hause zu bringen? Auf jeden Fall kehrten die Kinder der Goetheschule den Rücken zu – vielleicht waren gerade Ferien. Für die Arbeit in der rechts im Bild erkennbaren Dampfziegelei waren sie noch zu jung. Zwar wurde die malerische Idylle seit Beginn des 20. Jahrhundert ein wenig durch die Schornsteine der nahe liegenden Industriebetriebe getrübt, doch in Höhe der Lindenallee (heutige Ruppiner Straße) war der Zugang zu den Havelauen möglich. In Richtung Norden und Süden stießen hingegen AEG und Stahlwerk bis ans

Ufer vor. Einer der alten Havelarme verschwand vor gut hundert Jahren, weil der Wasserlauf wegen des für die höher gelegene Hauptbrücke zu bauenden Dammes zugeschüttet wurde. Ein Teilbereich wurde mit Müll verfüllt, später baute man Lauben auf dieses Gebiet. Am nördlichen Ende zerstörten erst ein Bombertreffer und später Aufschüttungen von Industrieschlacke das harmonische Bild. Die Wiesen mit den Sumpfdotterblumen sind zwar bis heute nicht zurückgekehrt, doch ab 1999 wurde dieser früher häufig überschwemmte Auenbereich renaturiert und 2002 als Parkanlage zugänglich gemacht. Von den teilweise aus Stegen bestehenden Wegen können sogar Nutrias beobachtet werden.

Unter Kurfürst Joachim I. (1484 – 1535) begann Hennigsdorfs Brückenzeitalter. Ab 1506 wurden zwischen dem Zollhaus Neubrück und dem Ort drei Querungen über die Havel und ihre Seitenarme gebaut. Während den Hauptstrom eine hölzerne Zugbrücke überspannte, waren es zwei unbewegliche Brücken, die über die kleineren Gewässer führten. Dort, wo einst die Zugbrücke bequemes Überqueren ermöglichte, befindet sich heute jenes Bauwerk, das Hennigsdorf mit Berlin-Tegel und Hohen Neuendorf verbindet. Am 22. April 1945 sorgte die Wehrmacht dafür, dass Hennigsdorf aus dieser Richtung kommend erstmals seit 450 Jahren nicht mehr erreichbar war. In der Mitte des unteren Trägers waren Sprengladungen angebracht worden, die um fünf Uhr gezündet wurden. Die Brücke knickte in der Mitte in die Havel, während die Endstücke noch in den Widerlagern verankert waren. Den Vormarsch der sowjetischen Truppen konnte dieser Umstand nicht aufhalten. Pioniere der Roten Armee bauten bereits in den folgenden Tagen Notbrücken. Ab 1949 sorgte eine Holzbrücke dafür, dass der Verkehr wieder fließen konnte. Die heutige Spannbetonbrücke, deren Standort fast identisch mit dem ersten Bau von 1506 ist, wurde am 1. Mai 1962 übergeben. Nach Sanierungsarbeiten im Jahr 2011 dürfte sie nun wieder für viele Jahre ihre Standfestigkeit unter Beweis stellen. Sie ist die wichtigste Zufahrt in die Stadt.

Wenn ein Ausflug zum Gasthof Neubrück geplant war, zog man sich vornehm an. Das gepflegte Anwesen hinter der Havelbrücke (von Hennigsdorf aus) lud zu Mittagstisch und Kaffeetafel ein. Im Sommer wurde auf den Holzklappstühlen vor dem Haus Platz genommen. Als die Rote Armee am 22. April 1945 nach Hennigsdorf vorrückte, wurde die Schankwirtschaft zerstört. Nur ein ehemaliges Nebengebäude ist geblieben. Neubrück ist Hennigsdorfs einziger Ortsteil, dem es nach 1989 nicht gelang, aus seinem Dornröschenschlaf zu erwachen. Dabei war der Flecken einst von Bedeutung. Mit den Havelbrücken entstand 1506 das Zollhaus Neubrück. Hier galt es, Brücken- und Landeszoll zu entrichten. Fast zeitgleich öffnete auch der erste Gasthof. Die Lage war ideal: Da hier

ohnehin zu halten war, ließen sich viele zur Einkehr überreden. Die Stolper Chronik weiß im Jahr 1874 zu berichten, dass das Gasthaus Neubrück zum Gemeindebezirk Stolpe gehörte. Zu den letzten Gastwirten zählten Erich Köhler und Wilhelm Maass. Um sich von Letzterem beköstigen zu lassen, kam manch reicher Gast mit dem Auto vorgefahren. Einen Aufschwung erlebte die kleine Ansiedlung, als 1904 eine Pianofabrik eröffnete. 1925 lebten 61 Menschen in Neubrück. In der einstigen Grenzkaserne befindet sich heute Oberhavels Asylbewerberheim. In einigen Jahren könnte Neubrück aus seinem Schlaf erwachen. Die Stadt plant, auf dem alten Kasernengelände ein Wohngebiet entstehen zu lassen.

Die Grenzübergangsstelle Stolpe: Ein Ort, der vor den Toren der Stadt lag, der aber für die meisten Hennigsdorfer nicht zugänglich war. Wer bis 1989 von Norden kommend Richtung Westberlin fuhr, dem wurde vor der heutigen Ausfahrt Stolpe klar, dass die Autobahn hier für den normalen DDR-Bürger endete. Passieren durften nur Transitreisende von und nach Westberlin. 1981/82 hatte die DDR, finanziert von der Bundesrepublik, den Abschnitt vom Berliner Ring Richtung Westberlin gebaut. Sie sollte die bisherige Transitstrecke auf der überlasteten Fernstraße 5 zum Grenzübergang Staaken ersetzen. Doch beide deutsche Staaten hatten die Rechnung ohne Westberliner Umweltgruppen gemacht. Sie fürchteten um den Tegeler Forst und verzögerten mit ihrem Protest die Bauarbeiten auf Westberliner Seite. Als der Grenzübergang 1982 eröffnet wurde, war daher nur der Transitverkehr nach Skandinavien und die Einreise in die DDR möglich. Von Alt-Tegel aus verkehrte ein Bus Richtung Stolpe. Die gelben Busse, welche keine Reklame tragen durften, hatten den Spitznamen „Banane". Damit wurden Rentner aufs Korn genommen, die aus dem Westen mit Bananen in ihre sozialistische Heimat zurückkehrten. Erst wenige Tage vor dem Weihnachtsfest 1987 wurde der Grenzübergang auch für den Transitverkehr nach Hamburg freigegeben. Heute befindet sich auf dem Areal die Raststätte Stolper Heide.

„Hier waren Deutschland und Europa bis zum 13. Januar 1990 um 9.45 Uhr geteilt", steht auf einem Schild zwischen Stolpe-Süd und Berlin. Dieser Tag wurde für die Hennigsdorfer zu einem Festtag. Nach mehr als 28 Jahren konnten sie wieder zu ihren Nachbarn nach Heiligensee. Kaum jemand blieb zu Hause. Das zur Grenzöffnung spontan organisierte Fest sollen 30 000 Menschen besucht haben, mehr als Hennigsdorf Einwohner hatte. Vom neu geschaffenen Mauerdurchlass bis zum heutigen Kreisel boten die Hennigsdorfer an unzähligen Ständen Kaffee, Kuchen und Schmalzstullen an. Auf Heiligenseer Seite soll man weniger spendabel gewesen sein. Dass sich die Grenze hier schnell öffnete, war dem damaligen Reinickendorfer Be-

zirksbürgermeister Detlef Dzembritzki (SPD) zu verdanken. Noch vor dem Jahreswechsel hatte er seine Kollegen vom Bezirk Pankow und vom Rat des Kreises Oranienburg bei einer Tasse Westkaffee davor überzeugt, dass sich die Mauer öffnen müsse. Die Kollegen aus dem Osten hatten es weniger eilig. Dzembritzki versprach ihnen, die im Todesstreifen fehlenden 100 Meter Straße zu bauen. Binnen weniger Tage war der neue Asphalt gegossen. Übrigens, jenes Schild, das von der Grenzöffnung kündet, stand anfangs zwischen Nieder Neuendorf und Spandau. Erst als der Irrtum vom Hennigsdorfer Generalanzeiger aufgedeckt worden war, sorgte das Brandenburgische Straßenbauamt für das richtige Platzieren der Tafel.

Einsam tuckert ein Trabant der Baureihe 600 über jene Kreuzung an der Ecke Berliner/Ruppiner Straße, die damals noch alles andere als ein Verkehrsknotenpunkt war. Es brauchte keine Ampeln oder Polizisten, um den Verkehr zu regeln. Mit Rathaus, Evangelischer Kirche und zwei Schulen in direkter Nähe war diese Kreuzung einst das Herzstück des alten Hennigsdorfs. Nach Öffnung der Mauer wurde die Stadt aus ihrer Randlage befreit. Heiligensee und Tegel sowie Spandau waren ab 1990, beziehungsweise ab 1997, wieder auf direktem Weg zu erreichen. Der nach der Währungsunion im Juli 1990 einsetzende Boom beim Pkw-Kauf und die neuen Verbindungen in den Westen Berlins sorgten für eine stetige Zunahme des Verkehrs. Heute gilt die Kreuzung als hoffnungslos überlastet und sorgt zu den Spitzenzeiten am Morgen und Nachmittag für lange Rückstaus. 2012 soll der Knotenpunkt ausgebaut und dabei optimiert werden – eine generelle Lösung für dieses Verkehrsproblem ist aber nicht absehbar, zumal alle Initiativen für eine Hennigsdorfer Umgehungsstraße vorerst gescheitert sind.

Manoli-Cigaretten versprach Anfang des 20. Jahrhunderts eine Reklame am Zigarrenladen in der Hauptstraße 5. Karl Karsten verkaufte die Glimmstängel aus der Fabrikation von Jakob Mandelbaum, der seine Fabrik schon wenige Jahre später an Reemtsma veräußerte. Bei Karsten gab es natürlich nicht nur die Mandelbaumsche Produktion. Im kleinen zweiflügligen Schaufenster neben der Eingangstür stapelten sich die verschiedensten Zigarrenkästen. Zu jener Zeit war das Gebäude noch mit einem überdachten Holzbalkon im Erdgeschoss ausgestattet. Dieser wurde abgerissen und durch einen Haupteingang ersetzt, als Malermeister Otto Schulz 1925 das Haus übernahm. Schulz eröffnete ein Farbenhaus und ließ per Fassadenwerbung wissen, dass er auch über ein großes Tapetenlager verfügt. Für den Handel war die Lage günstig, schließlich reihte sich damals in der Hauptstraße ein Geschäft ans andere. Dazu gehörte auch der 1923 eröffnete Papier- und Schreibwarenladen von Gertrud Schreiber in der Hauptstraße 27. Die Inhaber der Geschäfte kamen und gingen – Otto Schulz aber hielt über Jahrzehnte durch und gab seinen Laden erst auf, als er sich dafür zu alt fühlte. Heute beheimatet das frisch sanierte Haus eine Außenstelle des Spinnennetz-Instituts, das als freier Träger der Jugendarbeit im Auftrag des Landkreises Hilfe zur Erziehung anbietet. An der Giebelseite aber kündet noch immer der Schriftzug „Farbenhaus" vom einstigen Handel im Haus.

Wer einst feinen Kuchen bei einer Tasse Bohnen-kaffee genießen wollte, der ging in die Konditorei Görn. Als nach 1892 die Nordbahn als Zugverbin-dung von Schönholz über Tegel und Hennigsdorf nach Kremmen entstand und die Eisenbahnbrü-cke über die Neuendorfstraße errichtet wurde, war Schluss mit dem Plausch am Kaffeetisch. Im ehe-maligen Wohnhaus der Konditorei Görn gingen die Lichter aus, der Bau musste dem Fortschritt auf Schienen weichen. Doch Walter Görn ließ die Hen-nigsdorfer Café-Damen nicht im Stich: In nächster Nachbarschaft zum alten Standort wurden 1923 Konditorei, Café und Stehbierhalle eröffnet. In letz-terer sorgte damals Löwen-Böhmisch Pilsator für die Blume auf dem Bier. Bereits sechs Jahre später wurde das Geschäft um ein Hotel erweitert. Zwar überstand das Haus an der Neuendorfstraße unbe-schadet den Zweiten Weltkrieg, doch während der vier DDR-Jahrzehnte verfiel es immer mehr. Wäh-rend die staatliche Handelsorganisation (HO) das Restaurant bewirtschaftete, soll im ehemaligen Hoteltrakt für einige Zeit eine Wäscherei des volks-eigenen Dienstleistungskombinats untergebracht gewesen sein. Erst seit 1993 liegt der Schwerpunkt wieder auf Gastronomie und Hotellerie. Aus dem zwischenzeitlichen Kartoffelhaus ist mittlerweile der Hennigsdorfer Hof geworden, in dem Gäste der Stadt auch übernachten können.

Ein Unglück, das die Stadt erschütterte: Am 4. August 1917 explodierte ein schon teilweise mit scharfen Wurfminen beladener Güterwaggon in Hennigsdorf. Daraufhin detonierten große Mengen an Munition und Pulver, die in den AEG-Werken gelagert wurden. Bei dem Unglück verloren acht Menschen ihr Leben. Der materielle Schaden belief sich auf 1,7 Millionen Mark. Verfügte das Werk bis dato nur über eine Freiwillige Feuerwehr, so war dieser schwarze Sonnabend Anlass für die Betriebsleitung, eine Berufsfeuerwehr zu schaffen. Da im gleichen Jahr an der Neuendorfstraße eine neue Feuerwache erbaut worden war, konnten die fest angestellten Brandschützer sofort das neue Domizil beziehen. Der moderne Bau besaß auf der Rückseite sogar einen großen Balkon. Bis 1992 wurde das Gebäude für diese Zwecke genutzt. Doch im Schatten des in den 1990er Jahren erbauten Blauen Wunder (einem modernen Büro- und Firmenkomplex) verfiel das Backsteingebäude nach und nach. Nachdem die Stadt das Haus 2010 an einen privaten Interessenten verkauft hat, wird die frühere AEG-Feuerwache saniert In dem alten Gemäuer sollen Wohn- und Büroräume entstehen.

Als die 1883 gegründete Allgemeine Elektricitäts Gesellschaft (AEG) im Jahre 1909 beschloss, mit einem Großteil ihrer Produktion vor die Tore Berlins zu ziehen und am Ufer der Havel 75 Hektar Land für acht Millionen Mark erwarb, begann der Aufstieg des bis dahin unbedeutenden Hennigsdorf zur Industriestadt. Die teils bis heute das Firmengelände prägenden Bauten der ersten Generation gehen auf den Architekten Peter Behrens (1868 – 1940) zurück, der sich erfolgreich um eine funktionale und zugleich ansprechende Gestaltung von Industriebauten bemühte. 1913 wurde die Lokomotivfertigung aus der Hauptstadt hierher verlagert. Die während des Ersten Weltkriegs gebauten Flugzeuge wurden auf dem betriebseigenen Flugplatz in Nieder Neuendorf getestet. Ab 1931 waren die Borsigwerke Partner für die Sparte Lokbau. Konnten die AEG-Borsig Lokomotiv-Werke nach Kriegsende zunächst in dieser Konstellation den Betrieb fortführen, hatten die sowjetischen Besatzer bereits 1946 die Bedeutung der Fabrik erkannt und wandelten sie in eine Sowjetische Aktiengesellschaft um. Nach einem kurzen Intermezzo als Landeseigene Betriebe Brandenburg firmierte das Unternehmen als VEB Lokomotivbau-Elekrotechnische Werke (LEW) Hennigsdorf. In der Zeit der wirtschaftlichen Wirren nach 1989 ging es mit dem Standort bergauf und bergab. Der AEG folgten mehrere Besitzer. Seit 2001 führt der kanadische Schienenfahrzeughersteller Bombardier Transportation die Geschicke. Derzeit entwerfen und bauen 2 200 Angestellte Züge und Straßenbahnen.

Hat das Volk kein Schloss, dann schafft der Volksmund alsbald Abhilfe. Als 1911 der Grundstein für die erste Siedlung mit Werkswohnungen gelegt wurde, entstand an der heutigen Rathenaustraße ein dreiflügeliges Backstein-Gebäude. Die Hennigsdorfer nannten es „Rotes Schloss". Das heute denkmalgeschützte Rathenauviertel gilt als Musterbeispiel für den Bau von Arbeitersiedlungen. Mit Entstehen der AEG-Werke wuchsen gegenüber die bis heute das Stadtbild prägenden Häuserzeilen. Der damals zum AEG-Vorstand gehörende Paul Jordan, dem heute im Viertel eine Straße gewidmet ist, berief den Architekten Peter Behrens (Künstlerische Leiter der AEG) nach Berlin. Funktionale Ansprüche hatten für Behrens, der auch die gegenüberliegenden Fabrikgebäude entwarf, den Vorrang. Dennoch zeichnete sich das Karree durch eine im Detail vielfältige Architektur aus. Während des Ersten Weltkriegs wurde der Wohnungsbau unterbrochen, fand aber ab 1920 unter Federführung des Architekten Jean Krämer seine Fortsetzung. Neben rund 500 Wohnungen entstanden ein Brunnen und ein Park. Diese anfangs nur Mietern vorbehaltene Grünanlage entwarf der Landschaftsarchitekt Ludwig Lesser, der auch den städtischen Friedhof konzipierte. Erst 1937 wurde die Anlage der Öffentlichkeit zugänglich gemacht. Die Nationalsozialisten stellten in dem Park eine Skulptur in Form eines senkrecht stehenden Schwertes auf. Heute wird hier den mehr als 300 im Kampf um Hennigsdorf gefallenen Soldaten der Roten Armee gedacht.

Für manchen ortsfremden Lkw-Fahrer ist die beschauliche Voltastraße bereits zur Falle geworden. Von Navigationssystemen wurde bis vor kurzem dorthin geführt, wer ins Gewerbegebiet Walter-Kleinow-Ring wollte. Für die Brummi-Lenker endete die Fahrt spätestens am Torhaus. Dort führen zwar zwei Fahrspuren direkt unter den Wohnungen hindurch zur Rathenaustraße, jedoch passen nur normale Pkw unter den Torbogen. Von der Rathenaustraße durch die imposanten Torbögen im Backsteinstil, fällt der Blick auf frei angeordnete Häuser im Landhausstil. Der im Auftrag der AEG agierende Architekt Paul Jordan entwarf die für Arbeiter und Angestellte des Lokomotivwerks vorgesehenen Wohnungen an der heutigen Watt- und Voltastraße zwischen 1921 und 1927.

‚Unser Hauptanliegen war und ist es nicht nur, den Werktätigen Freude, Frohsinn, Entspannung und eine sinnvolle Freizeitbeschäftigung zu bieten, sondern mit den Zirkeln und Gruppen des künstlerischen Volksschaffens zur Hebung des sozialistischen Nationalbewusstseins beizutragen." Als diese Sätze 1978 zum 25-jährigen Jubiläum des LEW-Blasorchesters gesagt wurden, feierte die Heimstatt der Musiker – das Kulturhaus des VEB Lokomotivbau-Elektrotechnische Werke – ebenfalls seinen 25. Geburtstag. Damals erinnerten sich noch viele Hennigsdorfer daran, wie sie mehr oder weniger freiwillig beim Bau halfen. Am 19. September 1953 wurde die Kulturstätte an der Edisonstraße eröffnet. Das Herzstück des Hauses war der noch heute genutzte große Saal. Bei der Suche nach einem geeigneten Leiter mit SED-Parteibuch stießen die Verantwortlichen auf Gustav Ott. Der konnte volles Haus melden, wenn die Kapelle zum Tanz aufspielte. Später verschwand die Combo und wurde durch einen DJ ersetzt. Den LEW-Partys eilte ein legendärer Ruf voraus. 1955 musste Ott seinen Posten räumen. Zuvor soll ein Herr Wolf von der Potsdamer SED-Bezirksleitung bemängelt haben, dass es im Haus keine politischen Diskussionsabende gebe. Wenig später übernahm eben dieser Genosse Wolf das Haus. Im Ende der 1990er Jahre sanierten Stadtklubhaus geht es bis heute vor allem musikalisch zu. Dafür sorgt die Hennigsdorfer Musikschule mit ihren selbst inszenierten Musicals.

Wo heute die Havelpromenade zum Wohnen im Grünen einlädt und der Blick auf das Wasser fällt, war die Hennigsdorfer Welt einst zu Ende. Wer sich in den Ortsteil Nieder Neuendorf verirrte, landete schnell vorm Schlagbaum. Der „antifaschistische Schutzwall" versperrte nicht nur den Blick über die Havel nach Heiligensee, sondern sorgte auch dafür, dass es für einen Teil des Dorfes eines Passierscheins bedurfte. Wenige hundert Meter vor der Kontrollstelle befand sich der VEB Baumechanisierung, Hennigsdorfs drittgrößter Betrieb. Einst zur Philipp Holzmann AG gehörend, hatte ihn die Rote Armee 1945 besetzt. Ab 1947 firmierte das volkseigene Unternehmen unter verschiedenen Namen. Anfangs hatte sich der Betrieb darauf spezialisiert, Reparaturen an Drehkränen, Baggern und Beton-

mischern auszuführen. In den 1980er Jahren bauten die bis zu 850 Mitarbeiter Klein- und Schwerlastanhänger. Beim Übergang in die Marktwirtschaft konnte das Unternehmen nur kurze Zeit mithalten. 1993 wurde ein Schlussstrich unter die wechselvolle Betriebsgeschichte gezogen. Bereits im Jahr darauf fand der erste Spatenstich für das Wohngebiet Havelpromenade statt. Bei genauem Hinschauen ist im Hintergrund des alten Betriebsgeländes die Mauer zu erkennen. Zeugnisse dieser Art mochten die DDR-Oberen gar nicht. Als die Aufnahme in den 1970er Jahren im Bildband „Hennigsdorf Geschichte und Gegenwart" erschien, wurde der Todesstreifen retuschiert. Stattdessen suggerierte die Aufnahme, dass Büsche statt der Mauer das Havelufer säumen.

Nur das historische Foto erinnert noch daran, wo einst das Nieder Neuendorfer Schloss stand. 1557 errichtete die märkische Adelsfamilie von Klitzing den erhabenen Bau an der Havel. Doch die Adligen hatten nur ein gutes halbes Jahrhundert Freude an ihrem Schloss. 1629 erwarb es der Spandauer Oberhauptmann Hans Georg von Ribbeck. Aufgrund der Verwüstungen im Dreißigjährigen Krieg sahen sich die Ribbecks gezwungen, das Gut zu verkaufen. Kurfürst Friedrich III. diente es ab 1694 als Landsitz, von dem aus er zur Jagd aufbrach. Doch schon vier Jahre später ging das Gut in Pacht über. 1885 erwarb der Berliner Zeitungsverleger Emil Cohn das Schloss und baute es zur Stadtvilla um. Einige Jahre nach seinem Tod verkauften seine Kinder 1913 den Besitz an die AEG. Den Zweiten Weltkrieg hat es unbeschadet überstanden und diente bis 1949 den sowjetischen Besatzern als Quartier. Danach wohnten Lehrlinge des Lokomotivwerks im Schloss. Einige nutzten die grenznahe Lage des Gebäudes zur Flucht. Zu ihnen gehörte Hans-Georg Ziegler. Gerade zum Praktikum in Hennigsdorf angekommen, floh er mit einem Lehrling am 31. Januar 1963, der kältesten Nacht jenes Winters, über die zugefrorene Havel nach Heiligensee. Dieser gelungene sowie andere gescheiterte Fluchtversuche in der Umgebung des Schlosses gaben den Ausschlag für den Abriss des Gebäudes Der repräsentative Bau behinderte die Sicht auf den Grenzstreifen. Nur der Park blieb in Teilen erhalten. Seit 2008 hält der kleine Freundeskreis Schloss Nieder Neuendorf die Erinnerung an das Schloss wach. Erste Initiativen, es wieder aufbauen zu lassen, scheiterten bislang.

UM 1980 **KIRCHE NIEDER NEUENDORF**

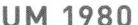

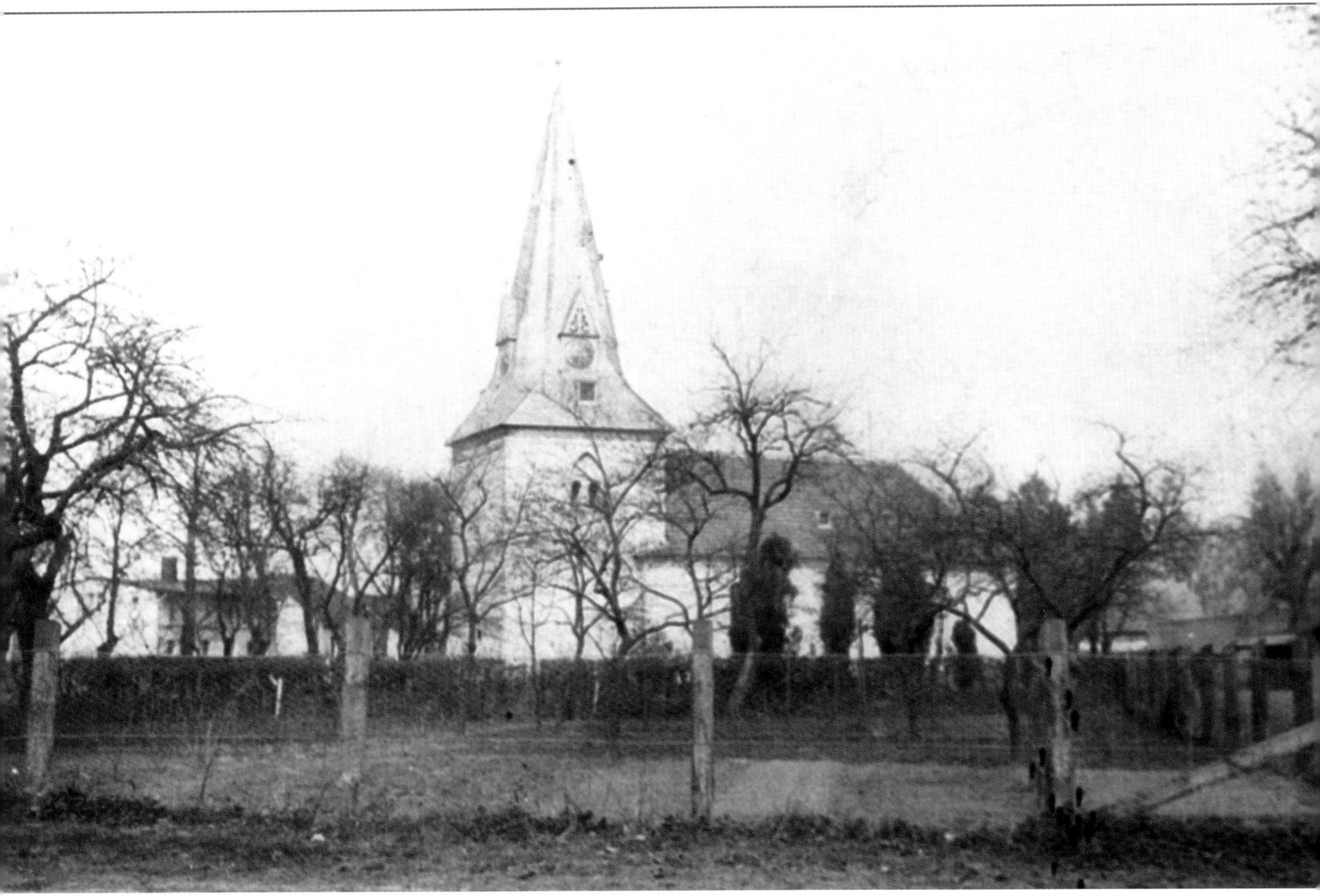

Historischen Quellen zufolge verkehrte bereits Ende des 14. Jahrhunderts eine Fähre zwischen Heiligensee und dem Dörfchen Nieder Neuendorf. Täglich setzten hunderte Pilger über. Sie waren auf dem Weg zur Blutwunder-Kapelle nach Bad Wilsnack. In die Backsteinkirche an der Havel kehrten viele zuvor zum Gebet ein. Das aus dem 13. Jahrhundert stammende Gotteshaus gilt heute als ältestes Bauwerk von Hennigsdorf. Nach der Reformation verloren der Wallfahrtsweg und damit auch die Kirche an Bedeutung. Stattdessen dienten die schartenartigen Öffnungen im nach Westen ausgerichteten Turm bis ins 16. Jahrhundert hinein der Verteidigung. Im Dreißigjährigen Krieg (1618 – 1648) nutzte dies den Nieder Neu-

endorfern jedoch wenig, die Kirche wurde schwer beschädigt. Als besonders wertvoll gelten Weihekreuze aus vorreformatorischer Zeit und ein vom Neuruppiner Baumeister Friedrich Schinkel (1781 – 1841) entworfenes gusseisernes Kreuz. Bis 2007 wurde das Äußere der Kirche umfassend restauriert. Längst ist das Gotteshaus aus seinem zwangsläufigen Schattendasein herausgetreten. Ab 1961 lag sie direkt an der Mauer zu Westberlin. Die Gemeinde zählte nur wenige hundert Mitglieder. Heute gehören zu ihr fast tausend Christen. Auch Pilger steuern die Kirche wieder an – mittlerweile mit der Spandauer Fähre. In Zukunft werden auch sie im gerade entstehenden Garten der Generationen verweilen können.

Dass die schiffbare Havel von Osten her durch Westberlin floss, war der DDR schon früh ein Ärgernis. Deshalb begann Anfang der 1950er Jahre der Bau des Havelkanals. Mit der 1953 eröffneten Wasserstraße konnte der „Feind" umschifft werden. Zum Spott vieler Hennigsdorfer wurde die anfangs Paretz-Nieder-Neuendorfer-Kanal genannte Wasserstraße in „Kanal des Friedens" umbenannt. Weniger friedlich ging es wenige Meter davon entfernt zu. Dort war ein auf und am Wasser stark gesicherter Grenzübergang entstanden. Eine Insel in der Mitte der Havel stammt ebenfalls aus dieser Zeit. Damit die zu kontrollierenden Schiffe nicht durchbrechen konnten, wurden alte, mit Sand ge-

füllte Kähne versenkt. Fortan mussten die Schiffe in diesem Engpass die Geschwindigkeit drosseln. Zu einem tödlichen Zwischenfall kam es am 17. Oktober 1967: Der 24-jährige polnische Binnenschiffer Franciszek Piesik stahl im Hafen eines Sportclubs ein ausrangiertes Dienstboot der Grenztruppen, um damit in den Westen zu fliehen. Aus ungeklärten Gründen verließ er an der Landzunge das Boot und versuchte, Heiligensee schwimmend zu erreichen. Elf Tage später entdeckte man dort seine Leiche. Die genaue Todesursache wurde nie geklärt. Die am Fluchtabend diensthabenden Soldaten erhielten eine Rüge, da sie den Fluchtversuch nicht durch Schüsse verhindert hatten.

Ein Bahnhof für eine Straßenbahn in einem Dorf: Seltsam mutet es an, wie die Linie 120 am Nieder Neuendorfer Bahnhof vorbeizuckelt. Von Spandau fuhr die Benzolbahn durch Berliner Vorstadtgegenden, durch Wald und Wiesen zur Rathenaustraße. Für viele Berliner Arbeiter bedeutete die 1923 von den AEG-Werken eingerichtete Verbindung einen erheblichen Zeitgewinn – nicht zuletzt, weil es die Bahnen auf 40 Stundenkilometer brachten. Ab dem Bahnhof Spandau-West verlief die Strecke die ersten vier Kilometer auf den Schienen der Berliner Straßenbahn. Vom Johannisstift bis Nieder Neuendorf wurde die Trasse der Osthavelländischen Kreisbahnen benutzt, ehe die Tram die von der AEG verlegten Gleise befuhr. Nach gut 30 Minuten hielt sie direkt vorm Werkseingang und machte kehrt. Als 1929 die Berliner Verkehrsgesellschaft die Linie übernahm, wurde die Benzolbahn gegen die damals sogenannte „Elektrische" ausgetauscht. Nun führte die Strecke bis zum Hennigsdorfer Bahnhof. Ein Teilstreckenfahrschein kostete damals 25 Pfennige. Im April 1945 wurde die Linie eingestellt. Die Besatzungsgrenzen und der Bau des Havelkanals dienten als Vorwand dafür. Nach dem politischen Umbruch 1989 gab es vereinzelt Überlegungen, die Verbindung wieder aufleben zu lassen. Der Traum von der Tram platzte 1998, als Hennigsdorf wieder ans Berliner S-Bahn-Netz angeschlossen wurde.

Der Nieder Neuendorfer Grenzturm gehört zu den letzten seiner Art in Brandenburg und Berlin. Er legt Zeugnis vom unmenschlichen System der DDR-Grenzsicherung ab. Von dem 1987 als Führungsstelle errichteten Bauwerk wurden 18 weitere Grenztürme entlang des Nieder Neuendorfer Sees überwacht. Auf einer künstlich aufgeschütteten Anhöhe stehend, bot sich den Wachhabenden ein unverstellter Blick auf den Todesstreifen. Die Führungsstelle unterstand dem „Clara Zetkin"-Grenzregiment 38. Das Turminnere gliedert sich in vier durch Metalltreppen verbundene Geschosse. In den unteren beiden Ebenen befanden sich Sanitär-, Lager- und Versorgungsbereiche. Der Bereitschaftsraum für die Soldaten war im ersten Obergeschoss untergebracht. Jeweils zwei Wachhabende schoben

in der zweiten Etage Dienst. Der auf dem Dach installierte Suchscheinwerfer ist noch heute funktionsfähig. Mit dem Mauerfall am 9. November 1989 hatte der Führungsturm seine Schrecken verloren. Hunderttausende strömten über die offiziell geöffneten Grenzübergänge. Als die Hennigsdorfer im November 1999 den zehnten Jahrestag des Mauerfalls begingen, bekam der Turm eine neue Aufgabe. Direkt am Berliner Mauerradweg und am Fernradweg Berlin-Kopenhagen gelegen, wird dort nun über die DDR-Grenzsicherung informiert. Zudem erinnert man an das Schicksal von Flüchtlingen und vermittelt den Alltag im Schatten der Mauer. Seit 2010 trägt der Platz um den Turm den Namen „Platz der Maueropfer".

„Freiheit endlich": Nein, es war keine Forderung mehr, die an die Mauer bei Papenberge, im südlichsten Zipfel von Nieder Neuendorf, an den Beton gepinselt wurde. Es war die Hoffnung, dass die im Herbst 1989 errungene Demokratie von Dauer sein werde. Die Grenzziehung war an diesem Flecken besonders kurios ausgefallen. Westberlin besaß hier die Exklaven Fichtenwiese und Erlengrund, in der auch nach dem Mauerbau Westberliner Gartengrundstücke hatten. Die Exklave Erlengrund ließ sich anfangs nur per Boot erreichen. Zur Fichtenwiese gelangten die Zugangsberechtigten bis zu einem Gebietsaustausch 1988 durch ein Tor im Grenzzaun. Am 31. Mai 1952 hatten sowjetische Soldaten und Volkspolizisten die Westberliner Exklaven besetzt. Alle dort lebenden Menschen wurden aufgefordert, ihre Häuser bis Mitternacht zu verlassen. Im Rahmen eines Landtausches wurde für die Exklaven der Zugang inklusive penibler Kontrolle gesichert. Es empfahl sich, beim Erholen im Garten die Zeit im Auge zu behalten. Im Tätigkeitsbericht der Westberliner Schutzpolizei wurde im April 1962 an den Polizeipräsidenten gemeldet, dass die DDR-Grenzpolizisten alle Grundstücksbesitzer angewiesen hätten, Fichtenwiese und Erlengrund bis 19 Uhr zu verlassen. Während die Mauer ab 1990 auch zwischen Nieder Neuendorf und Spandau schnell verschwand, dauerte es noch, ehe die Straße wieder durchgängig passierbar war. Erst im November 1997 rollte wieder der Verkehr.

SCHWEDT

EBERSWALDE

BAD FREIENWALDE

BERNAU

HENNIGSDORF

STRAUSBERG

ODER

ODERBRUCH

BERLIN

RÜDERSDORF

POTSDAM

BABELSBERG

FÜRSTENWALDE

FRANKFURT (ODER)

SŁUBICE

BRANDEN
BURG

BEESKOW

EISENHÜTTENSTADT

SACHSEN
ANHALT

COTTBUS

ODER

SACHSEN

GÖRLITZ

NEISSE

EDITION
BRANDENBURG

EDITION
SACHSEN-ANHALT

EDITION
SACHSEN